Andreas Vierk
Das Buch der Lilien und Amseln

AF190081

Herstellung und Verlag:
BoD-Books on Demand, Norderstedt
ISBN: 978-3-7460-0634-5

Andreas Vierk

Das Buch der Lilien und Amseln

Gedichte

Albumblatt
1987

Herbstlaub weht.
Mein goldner Shiva steht
im Bücherzimmer.
Im Abendschimmer
sein menschheitsgroßes Bild,
wild
tanzt es um Regal und Mauern!
Ich fühle Laub und Leib, Geburt und Tod
in meinem Innern tief erschauern.

Unterm Taubenblau
1989

Heimliche Minze der Dichter

Einläuft mit geschwelltem Bug der Morgen.
Fenster öffnen sich und atmen Licht.
Nervöses Strömen von Kaffee und Ahnung.
Ins Blut der Sänger hängt noch Nacht.
An ihren Pulsen duftet heimlich auf:
die kleine Minze der Unbehausten.
Schierling schneidet ihre dunklen Augen
in die taubenflügge Straße.
Bläue, fern, und helle Früchte, Segel
in den angeschrägten Fensterscheiben.
Das Blut der Sänger lichtet sich, geordnet
nach ihrem weiten Atem und Gesang.

Dichtung des Lichtes

Dunkle Blütenschauer
schrägen ins Blut.
Stiller Atem des Alls,
Wasserpulse.
An meiner dunklen Schulter:
der plötzlich entflammte Orangenbaum.

An morgendlicher Kaimauer beginnt
Dichtung des Lichtes

(die gelöste Dinge zueinander ordnet),
klingt und duftet, brennt, verweht,

wo Himmel und Meer sich erheben
als wasserfarbene Kraniche.

Schnittblumen, Kinder

Ich verstehe die Menschen nicht
soviel sie auch spielen mit den Farben
alle sind sie schwarz.
Giorgos Seferis

Sie rannten lachend unter hohen Mittagssäulen.
Nur selten brach eine Nacht in ihr Blut:
mondhell strahlende Mitternachtssonne,
und Blütensamen platzten in funkelndem Regen.
Sie hielten die Hände erhoben,
Hände aus Schatten: so
wurde die Melancholie geboren.

In den Häusern der Erinnerung
befleckt das Wasser die Mauern.
Manchmal nur klafft diese Blüte auf:
süßer als damals brennt sie
Hände aus Schatten, die griffen
eine einzige Abendstunde,
bevor in den Netzen der Stille
ihr Atem schneidet
wieder Gräue in den Schlaf.

Dein Haar

Nicht im Weiß –: im Blau, im Blau nur
vereinigen sich die Farben.
Mit den Düften trinken sie sich
Becher heimlichen Dunkels zu.

Aufs Kornblumenhemd des Sommers
apfelgrünen Schnee malt der Wind:
Gärten des Juli, brennende
Schattenschlangen auf deiner Stirn,

meinem Erinnern verfallen,
den unvergänglichen Gräbern
der Luft –: du, wiedergeboren
im Flüstern und Lauschen des Windes.

Krautweg

Tollkirschendämmer schwärzlichen Laubes,
dein Haar von Regen und Maulbeeren schwer,
deine Wange ein weinblauer Blitz.

Wo du schwammst wird der Flussweg unschiffbar,
die Brücken Katzen im glühenden Mohn,
der Schilfpfad versponnen im Wolkenhanf.

Wo sich dein Wort löste im Regen,
klingeln noch ungehalten die Masten,
jagen die Amseln Erinnerung.

Ach, Brüder!

Ach, Brüder, im Blau verhungernde Tauben,
große Blume in aller Mund, verregnete Erinnerung,
hoffnungsschimmernde Aufbrüche, die wir zählten
in Stunden kristallener Tropfen. – Ach, Brüder,
ihr unterm Mittag verhungernde Tauben!

Chinesischer Abend
Für Li Tai-bo

Wann, vom Baum welcher Enttäuschung
fiel diese Nuss in meinen Wein?
Herbes Laub wächst auf der Zunge.
Glück, Vergorenheit, ich nippe nur,
schon bin ich trunken.
Die Freunde fliehn und ich will einsam sein.
Und lass ich dir auch, Liebe,
des Herzens weheste Faser,
folge mir nicht
in meiner Bitterkeit Wald,
wo Nüsse kastanienschwer fallen,
wie auch ich muss fallen bald, müde,
so müde
der Schwebe, der Liebe.

Die gealterten Engel

Mit wüstem Gesicht
und einem Halsband aus tollwütigen Mäusen
verblutet die Nacht in den Spiegeln.

Ein grauer Hahn
mit entblößter, pflaumenfarbener Kehle
dreht sich im Kreis und schlägt mit den Flügeln.

Ich habe vom Regen geträumt
und sein Wasser sprang über
in aller Tage bitteren Wein.

Ausfahrt

Die Uhren waren abgelaufen,
die letzten zitterten noch
mit ihren Zeigern, da
erhoben sich schon Büge
versehrter Schiffe aus dem Schlamm
all der Jahrzehnte, schwangen sich
flügge von den Kais wie Vögel,
streiften von sich die Schatten
der Ladekräne, Hügel von Äpfeln,
vergoren zu Wein, das blasse Rot
der fernen leeren Hurenhäuser –
und streiften gewichtslos
das Irdische ab; alles Schwere
Zeichnung und Form –
aber niemand winkte am Kai,
niemand, der an Rädchen drehte,
auf dass die Zeit wieder wispere
aus den Mündern der Uhren –
Jedenfalls roch es nach Wein,
als wäre im Mittag geöffnet
eine apfelgrüne Tür,
jedenfalls fuhren die Schiffe
mit leeren Ruderhäusern,
zerbrochenen Scheiben,
kalten Schloten, fuhren leicht
wie schlaftrunkene Möwen,

wie eben vergossene Milch.
Es band sie nichts mehr –
sie fuhren aus –

Im Schierlingswald

1990-1991

Ein Tag wie brennender Flieder

Der Himmel rollt wie ein Schiff
durch die Algen des Blutes.
Lilie um Lilie weckt er auf,
Amsel um Amsel entbrennt im Gesang,

bis wir zu Sand zerstürzen
einer Wüste aus haltlosen
Schatten von Sonnenuhren,
trinken verdurstend die Zeit aus,

bis an den Füßen die Salzkristalle
aufbrechen zu glimmenden Schlafkorallen,
in denen Tränenharztropfen,
Fischmonde sich drehen, gefangen
unter der Blutschwinge des Abends.

Ismael

Ich singe dir Wüsten zerborstener Lieder,
Meere aus Staub in einer Vogelkehle,
Nachtgirlanden aus Schreien,
wie gekitzelt vor Schmerz, eine Rose
aus Sand und Erbrochnem vorm Mund.
Ein giftiger Engel fiel mir ins Blut,
wand Gärten hinein zerstoßenen Glases.
Ich dürste nach dieser Amsel aus Wasser,
die sich verfing in deinem Fliederhaar,
dort Nester wob, spinnwebenleichte,
von Stunde zu Stunde versehrter.

Im giftigen Wald

Verwilderung an nie entbrannten Küssen,
die ihrer Krankheit Malvengifte aufgeblättert,
vergehen zu Nachtigallen aus Asche.
Auf meinem Bett von Würgelilien
bricht das Eis in roten Schollen auf,
Nestern schwarzer Hähne, Bernsteinaugen
von Mitternachtsschreien im Salzgeäst.
Fast meinte ich einen Racheengel zu sehen,
der tief in den glimmenden Myrten wurzelte,
in einer Wachheit lidlosen Schmerzes.

Glasapfel

Mir wuchsen Blätter im Mund
aus der hallenden Nacht meiner Kehle,
darin der Vögel Glasharmonien
sirrend in Prismen zerspringen.
Hineinsterben jenseits
der Strophen und Küsse!,
an den kalkharten Blüten
eine Frucht aus verspiegeltem Wind –

Raubvogeltanz

Ein brennender Falke
ist dieser hyazinthene Abend
und der Hungermond eine Blässe
auf seiner vertrunkenen Brust.

Und die Mondin eine Lügnerin:
Nächtin, Tödin, Mutter der Nächte,
eine Taubenfeder, weiß,
die in die Träume der Liebenden fällt.

Der Falke stemmt seine Brust
ans schwarze Kochen der Nächte
und der Mond ist filigraner Knochen,
Handwurzel eines Mädchens
in seiner Brust.

Und ein erhobener lederner Arm
ist dieser schreckliche Neumond,
der die Tauben verheert:
blutende Nächte.

Stier aus dem Meer

Ohne Kehlen voller geborstener Saiten
wären die Rosen nicht Rosen,
deine Schläfe kein Ibis im Birnbaum,
meine Stirn keine brüllende Schlucht.
Ohne Keller, in denen die Sehnsucht verdirbt,
wär mir kein Flügel aus Staub,
wär ich kein Stier aus dem Meer
mit Kastanienhoden und Weichen voll blutigen Laubs,
nur ein Kind, vielleicht ein braunes,
gewiegt in den Messern der Felsen.

Spanisches Lied

Das Meer entriegelt deine Brüste.
Wie man Lerchen verschlingt,
durchziehen dich Böen.
Zwei Hände voll Anemonen,
so gelb ist der Schlaf!
Und eine Herde gepeinigter Hengste
stürzte hinunter ins Tal,
die Stirnen voll Sommer.

Die Kerze

Deine Schulter ist von Lilien heiß:
Kokon aus Sternen jede Blüte.
Der Mond und der Salpeter sind eins.
Meine Stirn ist ein Regenbaum,
als stürben deine Lippen darin
einen Eisblumentod.

Schierling

Was mich zerriss ist dieser Amseltriller,
der den Garten erglühn lässt wie Honig,
kosmischer Bruch in die Seele hinein,
Lilie, auf deren Stiel der Amsel Trunkenheit
Nacht verklärt zu Wein,
Sockel, auf dem sich der Schrei erhebt
meiner disharmonischen Stirn.
Auf welche Lippen soll ich tragen,
was mich in Blitz und Lilie bewohnt?

Bis alles gefangen

Wie müht sich die Amsel
im versteinerten Wald, ein Ohr
für geöffnete Räume zu finden!
Wie müht sich der Dorn
im versteinerten Wald,
Himmel in ein Herz graben!
Wie mühn sich die Menschen
im versteinerten Wald,
nicht vor Schweigen aufzuschrein,
bis alles gefangen,
gerundet als Harzträne fällt –

Hades und Demeter

1992

Das Feld

Stroh sind wir, die Hände vom Sommer geschwärzt,
    der mit uns in der Ernte wühlt.
Die Tage sind nah, da im Milchbett der Erde, der gierig
    geliebten,
die Toten zuletzt ihre Fäuste ballen wider die Traum-
    zeit unserer Kinder.

Der Garten
Psalm

Du verbirgst dich vor uns, lässt uns dunkeln im reißen-
      den Farbenstrom.
Ein uferloses Meer entblätterst du uns in den Herzen
      die Mittagsrose,
die Metamorphose der Engel zu grünenden Stauden
      in unserem Atem.
Verwegener Schritt eines Baums, der die Pulse mit
      Krokus erfüllt.
Dein Antlitz erhebt sich in uns: betäubender Garten
      von Minze, Orangen und Palmstroh.
Und unsere einzige Gabe: ein zweiblättriges Lied.
Senk deine Wurzel hinein und wirf es nicht in den
      Wind.

Die Fackel

Im Fruchtmark der Nacht verbrennt knisternd ein
Mond aus Papier.
Eins sind die Lilien der Sterne mit lodernden Nerven an
Fingerspitzen.
Und blonde Lichter die Gärten, hingegossen unter der
Stundendroge.
Wie duftet mir dein Sehnsuchtshaar inmitten tollwüti-
ger Schatten!
Handgroße Falter vergorener Gier entblättern den
Schrei dir zu Händen.
Und ich antworte dir mit dem Balzruf des Pfaus, der
Posaune vor Jericho.
Siehe, die Nacht liegt verschlissen und Amseln verlo-
ren im Lichtquell.

An der Küste

In den Händen der Frauen entfachen sich Falter aus
        Seide und duftenden Hölzern,
Gärten, errichtet für kusslose Münder.
Und die Herzwand erhebt sich wie Luft unter ihnen,
        schwindelnde Atemschlucht.
Vor diesen Bergen, ihrer Protuberanz, fliehen die
        Schafe gefiedert.
Des Flusses ausschlagender Stachel wirft ins
        Schweigen

die Urnen,
die horchen auf das ferne *ting-a-ting* einer Glocke aus
        Glas,
eines Meeres, uferlos.

Das Schweigen

An der Wurzel des Atems das Bächlein, an welchem
      die Amsel erfriert.
Die Hand eines Berges glänzt an der Klinke, ein Wein-
      berg, ein Garten aus Schnee.
Wieviel mehr ist dein Haar, als sein Lied!

Der Duft

Das Licht tut seine Hand auf: der Halbkreis des Thea-
        ters.
Gebannt vom Lied einer einzigen Amsel, sind alle
        Rosen verrückt geworden:
Sie lassen ihre Masken fallen, weiß und schrecklich
wie die Steine – ohne Alter.

Duft und Schrei

Nacht um Nacht hebt sich der Tollwutschleier über
      den Rosen,
glänzt ins geöffnete Fenster ein Mond aus Fleisch und
      Erinnern der Toten:
geborstener Skorpion im Kalk der Urgezeiten.
Wer weiß, wie alt das Gesicht in der Hecke ist
mit den Quecksilberaugen und dem geöffneten Mund,
      welcher stumm in die Nacht heult.

Die Lilie

Unterm Verleuchten der Welt weckt dein Schweigen
        die Lilie,
dehnt sich ihr Licht in den Raum und misst die Asche
        der Fernen aus,
gebiert das Gift seine Gärten,
zerreißt ozeanisches Tuch über stygischen Klagen.

Der Schimmel

Geköpfte Staude steht der Schlaf inmitten tosender
      Bäume,
Raum geworden in der Beschämung des Schweigens.

Das Pulsmetronom hält ein vor der schäumenden
      Brust eines Mondes.

Windweiß bauscht sich das Land:
Oboe aus Schnee.

Rispen, Flügelschatten
1992

Geburt

Trunken vom Mittagsblau
schwankt die Luft und fällt
in den Schlaf der Steine.
Der Krokus, gelb,
verschenkt sich ans Licht,
herübergewacht
aus dunklerem Land.

Exil im Apfelbaum

Ein Haus fand die Amsel
im Zimt der Küsse:
Schaumschwinge Wind
aus vergorenen Sonnen –

Kobaltene Invasion

Taubenschwärme
stürzen flatternd aus den Höfen
in die blaue unbewohnte Stadt:
Alleen aus Licht. Häuser aus Wasser,
geheime spanische Höfe,
nur lustvolles Schweigen
und die Gier der Tauben.

(1987)

ROSE, DIE EIN MEER ENTBAND,
Spiegelluft brennt überm Strom.
Meer in ihrer dunklen Hand:
Stimme: Amselmetronom.

Ragnars Braut

Abend trägt ein Hemd
aus geröteten Dolden.
Ins Haar geknüpft:
ländlicher Duft, ah,
der Thymianwiese.

Mauritia flexuosa

Fächerpalme – Winken, Gruß
dem hingebreiteten Meer,
das doch schläft in ihrer Hand
als sanfter Schauer von Opalen.

Für immer

Möwe, weißes Aug'
im hölzernen der Büge.
Tanzende Rauchfiguren.
Säume, gelöst.
Und Möwe: weiße Schliere.
Meerhimmel - Himmelsmeer –

Schlüssel zur Tiefe

Haikus 1992-2011

Lass mich hier sitzen
unter der Magnolie,
Haar, weiß, Stirn aus Glas.

Wie die Wildgans fliegt,
trägt sie den Berg mit sich fort:
Schliere im Bach…

Der Strandhafer schläft
schwarz in wirbelnden Spiegeln
zerschellenden Alls.

Ein Hauch – die Amsel
hat einen Wasserflügel
und einen aus Luft.

Glück ist: sich runden
und doch sich hinzugeben
dem Gang der Stunden.

Das Meer wiederholt
sich in Vase und Fruchtkorb
pulsnahen Schauers.

Ein Holztaubenpaar
findet sich wieder im Nest
in Waldesschweigen.

Wer kann ins tiefe
Auge des Hungernden schaun
und nicht erblinden?

Verblühte Rose,
immer, wenn ich wiederkehr,
brennt sie aufs neue.

Entfaltet sich Schnee
oder neigt der weiße Pfau
sich über den Teich?

Wer gewahrte nicht
in jeglichem Blütenkelch
all unsre Nächte?

Mit jeder Welle
schwimmen die Sonnenringe
in den Strandhafer.

Von seiner Quelle
zum Delta – ewig im Jetzt
leben Fluss und Schwan.

Grau ist der Winter.
Wenn Freundschaft geschwunden ist,
wird diese Welt alt.

Im blauen Wasser,
im Seetang mit den Fischen
schwimmt der Kormoran.

Als weiße Amsel
flattert die Mondkoralle
durch dunkle Wellen.

Tiefblausilberner
Abendhimmel, wolkenlos.
Völlige Stille.

Die Brücken
1993

Da ist ein Land der Lebenden und ein
Land der Toten, und die Brücke zwi-
schen ihnen ist die Liebe...
Thornton Wilder

Wenn die Sterne eingehen
ins weiche Blattwerk der Nacht,
unter Mondpfauenaugen,
gibt sich trunken die Erde dem Nichts.

Wasser werden Wein,
von sich selbst berauscht.
Alles verliert seine Form:
die Brücken tragen nichts mehr,
die Wälder zerfließen ins Dunkel.

In unsrer Umarmung sind wir einander der Tod.

Jeder gibt sich allein an die Mühlen des Schlafs,
jeder verfällt seinem Blut und verzehrt sich.

Der Schmerz tut sich auf:
im Atem eine Schlucht.
Nur Schreie reichen hinab,

bis der Fluss aus dem Nebel tritt,
in dem er aufgelöst schlief,
taumelnd noch Ufer gewinnt.

Leben ist Stunden verbrennen –

Im Exil dieses Lichtes bist du
nur aus dem Schmerz der Geburt,
und einzig die blutdunkle Lethe,
sickert hinüber ins Sinken der Stunden.

Die Brücke der Tage,
die uns Erinnerungen bindet,
und jene des Schlafs,
die wir hinunterblicken,
um wiederzufinden unser Gesicht,
eingetaucht in ein klares Vergessen –:

sie neigen einander zu,
und wo sie sich berühren
wiederholt sich die Qual der Geburt.

Und wie viel Erinnern
wird noch uns verhärten?

Von Stunde zu Stunde
sind die Brücken des Schweigens gespannt.
Über eiserne Stege verfällt
mein Wort dem Schlaf.

Bleib hier in glücklicher Erstarrung.
Sind wir gemeinsam nicht zu schwer
für diese brüchige Stunde
unmöglichen Morgens?

Oder werden wir leichter
in der Berührung der Hände,
die nachahmt und erfüllt
den Blick der Brücken?

Aufblick und Oberfläche
möchten wir sein, und tief
nur als Spiegel im Fluss.

Wie die Brücken zu lächeln beginnen,
wenn sie vermischt auf den Wellen treiben
und ihr Zerrbild plötzlich
wirklicher scheint, weil tiefelos und mild –
so neig dich mir zu,
den Stunden hingegeben,

denn alles Erhoffte endet am Ufer.
Nur scheinbar verbinden die Brücken.
Somnambulen sind sie entglitten,
und Hände waren nur Tore,
durch die sie herüberwachten
aus Dunkelheiten, dort
wo sie Nächte mit Nächten verbanden.

Darum wohl gingen sie
durch menschliche Hände,
darum lächeln sie wenn jemand winkt.

Ich singe der milden Gräue der Brücken
im Regen, wenn sie größer
und aufgeschwungener scheinen,
gleich Flügen vergänglichen Lichts,
die immer nah an den Schritten beginnen
und immer enden im Nichts –

Die Vögel nehmen im Flug
etwas mit sich von den Düften
nach Regen und Stein:

Es sind die Schnitte der Fahrten,
die in den Höhlungen blieben.

Manchmal, im Dunst eines Morgens
verlieren die Brücken all ihre Schwere
und heben sich auf: Stickereien.
Und halten aus in der Schwebe,
weil eine Freundschaft erwacht
für die Brotwärme der Hände.

Dann ist es, als gingen wir nicht
von Bedeutung zu Bedeutung,
sondern glitten hier nur
ohne Gewicht
durch die Prismen der Träume –

Wir beschreiten sie nicht.
Die Brücken gehen nur
leicht von dir zu mir
als zarte Gravur.

Der Fluss zieht sich hin,
ohne Jenseits nur seidige Ruhe.

Du bleibst mir immer im Vagen bestehen,
ungreifbar in allem was taumelt und schwebt.

Wer kann deine sprechenden Hände besingen,
die schmalen, die schrecklichen, die mich vernichten

mit ihrer Unnahbarkeit.
Deine Hände erfüllen sich selbst.

Jede Nacht vergrößert die Nacht aller Wesen.
Jedes Wort nährt das Schweigen.
Jede Geburt öffnet dem Tod eine Tür.

Ist es nicht Wunder genug,
dass wir nicht sterben
unter der Last jeglicher Nacht,

dass sich die Brücke der Träume
hinzieht von Licht zu Licht,
über Wasser voller vergorener Früchte?

Alles wird Wald,
in dem wir Tiere aus Schatten sind,
Irrlichter aus Liebeswahn,
Falken aus Hunger.

Wenn der Mond gefächert
eintritt in die Hütten der Nacht,
taumelt die Erde betrunken,

wie auch der Mensch zurücksinkt
in seinen Mittelpunkt,
erschöpft vom Kreislauf der Stunden –

Am Gewittersaum

1998

Für Uschi Bergmann

Die dunklen und die weißen Rosen

Fresko mit Brüchen

Im Roseninnern erwachen die Korridore von Irrenan-
      stalten, Wendeltreppen aus Salz.
Das Weiß und die Dinge – : Das pathologische Zimmer
      und seine Verwandlung in Tauben und Brun-
      nen.
Rosenbeet, du Blut- und Brandarom am Gaumen, du
      unterirdischer Eisstrom im Tropfsteingebiss.
Komm, liebe mich, Mondin, ich will dich wie eine
      Mandel zerkauen im Sturmgraphit.
Ich will dich mit Minaretten beschenken und Gärten,
      so weiß wie die Augen der Blinden!
Du bist eine quecksilberne Tür, durch welche ich geh –
      einer Woge aus Jammer entgegen.

Grüner Engel

Das Serum erträumt sich aztekische Treppen, darinnen
    der Farn sich den Sternen verschließt.
Mit kleiner Laterne – wie eine Kinderfaust nur – be-
    wirft es die Nacht, damit das Moos ruhen kann.
Verdrehte Silberfische beginnen ihr ungehaltenes
    Kreisen unter den welken Orangen und
    Gläsern.
Und schon erhebt sich ein Morgen aus Opiaten und
    spielt mit den weißen Schläfenskorpionen.

Stillleben mit vergifteten Blumen

Die Luft ist eine staubfarbene Blüte und die Distel birgt
    alle hellwachen Sinne des Steins.
Quellwasser und Tod sind Kristallkelche auf brandigem
    Blattwerk.

Das Meer ist keine Blüte. Das Meer ist eine Stunde
    Aprikosenlichtes im Verschweigen.

Wir ziehen zu Schiefer verbrannt durch die Farben von
    Schierling zu Schierling.
Die Liebe und der abgekehrte Mond sind Blumen, da-
    ran unsere Kehlen verbluten.

Das Meer ist keine Blüte. Das Meer, verschwiegen,
    wächst der eigenen Mitte zu.

In den Dünen

Es kamen Regenmänner, warfen winzige Möwen aus
     Licht in die Körbe unseres Atems.
Wellen verebbten in unseren schilfigen Kehlen, diesen
     Membranen der Luft.

Grün sind unsere Lungen von Farnen und Tagfalterfüh-
     lern, mit Grün war die Welle gesättigt, die uns
     in die Schatten verstreute.

Wir vergruben die Schmerzwurzeln im Sand und ver-
     hüllten die Knospen im Licht.

Unser Haar ist dem Plankton vermählt und unsere
     Lungen verteilt unter Fruchtfleisch, Luft und
     Krümmung.

Grün sind die Becher, die umhergehn, voll Chlorophyll,
     und grün der Regen, der in unsre Schatten tritt:
Eine Florfliegenwolke vielleicht, oder nur eine winzige
     Schale ausgegossenen Hagels.

Landschaft im Herbst
Romanze

Die Rosensaiten zerreißen: in Schmerz glüht das Gar-
tenland auf.
Im Schaum ihrer Spiegel wütet ein Eber aus Moos, und
im Brand seiner Stirn bebt der Honig des Jagd-
horns.

Schatten schreiten die Halden und Schütten entlang, in
grobem Leinen, ein achtspitziges Herbstblatt im
Wappen.
Der hundertäugige Türmer singt aus der Rosskastanie
den Glanz und den Harm zerblätterter Memo-
riale.

Der Förderkanal bewirft den Klinker der Manufaktur
mit Münzen aus Rost und aus Milch —:
Im alhambrischen Zierat der Fensterbögen verklingen
sie hart, als hätte sie Judas geworfen.

August

Berg in Gestalt einer Taube, Atem in Form ihres
       Halses.
Verloren ist mein treues Apfelherz, und meine Hände
       im Licht sind Wölfe aus Schnee.

Schwindsucht, Schlaganfall und Milch berauschen sich
       am Sonnentau und schaffen Raum für Aschen-
       kreis und Feuerschleuse.
An den Hügeln des Tages, unterm Mistral, singt das
       Feld wie eine Zikade. Apfelgrüne Hunde laufen
       über den Raps.

Das Meer schwimmt ins Land: ein Heuboot. Auf Grund
       geht's, treibt gallbittere Frucht aus dem Haar
       erinnerter Toter.
Vergessensabend aber ist die Halle meines Kopfes,
       dies Glockeninnere, darin ich verschwinge in
       einem einzigen Ton.

Durchs Fensterkreuz

Blick durch die Sonnenblume, die Seelenwunde, den
    Lichtsturz hinab auf das atmende Meer.

Der Gong wird Wabe. Anemonenjäger ziehen ein. Die
    Bienen haschen hungrig nach Aromen.

Nichts als Anemonen, Liebesgaben dieses Tages,
    Wellen flüssigen Zinns füllen das Fenster-
    quadrat.

Und die Atemschleuse hebt sich der Flut, dass auch du
    überströmst und zerbrichst in den Strahlen.

Sonnensichel

Fresko mit Brüchen

Mein Mund ist eine Katze in den Samenkapseln, Mond
        und Asche will ich sein an deiner Schulterdroge.
Eine Vene will ich mir öffnen, damit die Nacht wieder
        glänzt überm Schöpflöffel, darin sich Nachtigall
        und Durst vereinen.

Das zwitteräugige Meer dringt schimmernd in die
        Bahnhofshallen, normannische Segel, Sturm-
        plesiosaurier, zergischten in der Ablammbucht.

In helle Grachten verströmt sich das Blut und bringt
        wolkige, quecksilberne Inselchen mit.

Unter der Mondwabe die Hummelmandoline singt,
        der Flieder der Schlaflosigkeit brennt und
        Schwalben schneiden sein Licht ins Lidinnere.

Zisterne

Nervengarten, alkoholisch, Gischt in Schwefelbränden,
   und kein Nestbau, wasserhell an einer Schläfe.
   Suchte, suchte, Gallgeniste fand ich nur.
Ich band Gewittermahd in mein Salpeterhaar. Die
   Hand gefror in meiner Tage Scharten unterm
   Blühn der Uhr.

Mich dürstet nach der Amselhand, dass sie im Schüt-
   tern meiner Blumenskorpione als ein Atem-
   quell entspringt.
Sprich mir dein Brot zu, deiner Hand Gewitterhefe,
   Laib, nicht aus Kalk von Brunneninnenwänden.

Treibende Tage

Das Rotkehlchen, meiner Schulter entknospt, will sich
      zum Springquell eines Traubenjahres wandeln.
Seiner Stimme Auferstehungsglöckchen verfällt die
      Koralle im Salz meiner Stunden.
Nicht will was ich singe sich runden zu Atem und
      Frucht, Galläpfel nur treibt es aus.
Nicht deine Seerosenhand – meines Kusses Bestür-
      zung – nur Nimmerdu, nur Schlieren in den
      Bittermandeln.

Eisenkraut

Für Alla Galeski

Alkoholische Pferde treideln mein Hirn durch deine
     Schafgarbenhände. Meine Augen dunkeln in
     den Imkereien.
Ich sitze in meinem Haus aus Gischt, den Mund im
     Rittersporn, die Lippen spiegelblind.
Vor meiner quecksilbernen Klinke schießen Sturz-
     kelche, Brandreben und Salpeterhospitäler
     auf.
Nicht blühen Fenster apfelhell in meinen Augen – nur
     sichelmondhell entsinkt mir die Stirn aus den
     Brunnen der Stimmen.

Am Gewittersaum
Landsknechtslied

Blitze trinken aus dem Brunnen mit goldenen Kehlen
     und baden die Hufe in den Schatten.

Wespen schneiden den Lilien versehrtere Münder.
     Lass unsere Herzen sich entblättern, Buchseite
     für Buchseite.
Aufschrei ich, den Quell deiner Hand an meinem
     Schlüsselbein, da auf den Nesseln die Trompete
     blüht, der Bussard die Kriegstrommel rührt.

Im Wipfel der Atemflamme die Goldammer singt und
     webt Glutfelder Hügel um Hügel ins Lied.

Steinbock aus Wasser

2004-2010

Steinbock aus Wasser

Für Andrea S.

Mondschlierige Folterin Nacht betreibt mein Auslöschen kundig. – In einer Spiegelscherbe, augenwinkelschmal: mein Fluchtgesicht.

*

Schon liegt mir der Mond unter der Zunge. – Erstehe nun wieder aus Eigenem!

*

Vermurte Ströme meines Blutes: Beim morgendlichen Erwachen finden sich oft in meiner Hand einige Skelette von Pterodaktylen.

*

Gehäutet und pulslos in dunstiger Vertikalität ist das Wasser, in dem Thales von Milet Entstehung und Motor des Universums sah – wird das Weh der Bewusstheit ein Steinbock aus diesem Wasser.

*

Im Karst verloren, musste ich springen, um auf die nächste unsichere Kiespiste zu gelangen. Absprung und Aufprall. Ferne, schneeverspiegelte Gipfel bohrten sich viperngleich in meine Lunge und Schläfe. Ein Stock Bienen floh rauschhaft aus meinem Herzen. – Auf allen Vieren war ich gelandet. Eingeschwiegenes Weh ließ mich so verharren, ließ mein Herz verhornen, meine Stirn wurde schwer, als schlügen gefrorene Blitze hinaus. Sehr langsam doch stetig lief eine eisige Sonne von Westen nach Osten. Und mir im Nacken brannte ein neugeborener Schweifstern: das Giftherz der Schlange.

*

Kein Sternengischt mehr, kein Gestade für Tränen, nicht an der Peripherie meiner Stirn, nicht an der Steilwand des Herzens, unüberatembar, ohne Zypresse. Kalter Paroxysmus dieser Felsen, an denen eine Sonne wie ein Speichelfaden hängt. Vor diesen Höhen seiner Spiegelung ist der Steinbock erstarrt, trägt er ein Herz aus Milch, wie der Apostel vor damaszenischen Toren.

*

Die Ströme im Verstürzen fern und schweigend: zerschlissene Fahnen. – 10.9.04 Deines Atems jäher Nussgarten!

*

Als ich wagte, stehenzubleiben, brach der Fels meine Lippen auf und füllte sofort meine Lungen. Ich wurde Stein und ertrank. Immerhin taumelte seine Rebe in mir anstelle des Wegs. Dies rettete mich. Ich barst und konnte gehen.

*

11.9.04 –
Mein Atem von den Stürzen falkenweh,
Verschränkung unsrer Hände in letztgültiger Erfüllung.
Wenn ich – verspiegelt – in dein tiefes Inn'res seh,
ermess' ich, dass – in Liebe schattenlos – du implo-
dierst wie eine Sonne.

Anemonenjäger

Der botanische Name geht auf die Antike zurück. Plinius der Ältere bringt ihn mit dem griechischen anemos = Wind in Verbindung. Anemona war auch eine Nymphe am Hofe der Göttin Flora. Der Sage nach soll sich Floras Gatte Zephyr, der Gott des Windes, in Anemona verliebt haben, worauf sie von der eifersüchtigen Göttin in eine Blume verwandelt wurde.
Wikipedia

Ermonde mich nicht! Zieh deinen schwarzseidenen Handschuh, Nächtin, zieh deine schlehdornschmale Hand aus dem Laub meines Atems!

*

Noch weiselweiß ist die Königin der Anemonenjägerinnen. Läutende Rufe dringen aus ihr hervor. Wie hören die Bienen? Nehmen sie Vibrationen wahr? Aus den Zellen jedenfalls Antworte dringen als froschiges Schlagen. All die auf Judasruf antwortenden Christusse! Die Königin läuft über die Waben und ersticht ihre Rivalinnen, die keine sind, die keine je werden. Welche keinen je werden erlösen.

*

Der Dunkelstern nährt sich vampyrisch vom Licht, welches ihn faltertrunken umschwärmt. – Dies sei ein Bild

89

des Glaubens und der Religion. Denn sie kennt im tiefsten Grunde keinen Dualismus und keinen Teufel. Der schwarze Keim ihrer Gründung, ihre Idee, ist der tiefe Wunsch, das Immanente zu endigen. – Osiris, der kastrierte oberste Gott Ägyptens regiert als Prinzip ewigen Todes. Er ist mit der Welt bekleidet wie Xipe Totec, der aztekische Tänzer, mit menschlicher Haut.

*

Das Farbsehen der Bienen, wie auch ihr präzises Zeitgefühl wurden von François Huber (1750–1831) entdeckt. Huber, der blinde Forscher, war, was Johannes Kepler für die Ellipsen der Planeten, deren Harmonie und kosmische Idee, was Orpheas der Lyra, der Schriftsprache Makrijannis wurde – Mystiker, Jäger an der Peripherie der Anemonen, der Nachtmagnetismen, oh, dieser Düfte Jäger, Mathematiker!

*

Oh, dass in der Nacht jener Mord nicht mehr sichtbar, der so voll und gigantisch damals im Dämmerlicht aufging! Kontinente und Meere jenes Gestirnes aus Blei, korallenbenetzt und sirenenumtanzt. Wie der Liebe weheste Schwere sich grämt an den Gischten, so auch das Mordlicht, wenn es sichelnd durch die Wanderdünen streicht. Dies Wasser ist lange dahin gegangen, vom dunklen Neumord berührt ist's durch die Mühlräder und durch die Turbinen gezogen, lang liegt mein Leben verdurstend darnieder.

*

Wenn sich Hornissen entschließen, einen Bienenstock einzunehmen, entsenden sie meist einen einzelnen Boten. Die Wächterinnen des Stockes gehen beiseite und lassen diesen hinein. Der riesige lebende Panzer dringt bis in den Mittelpunkt vor. Hornissen haben — wie alle Wespen — eine niedrige Körpertemperatur. Die der einzelnen Biene ist höher. Im Stock steigt, Dank des „Pumpens" der Bienen die Temperatur auf etwa 37°, also annähernd die Körpertemperatur des Menschen, an. Der Stachel der Bienen kann den Chitinpanzer des Hornissenboten nicht durchdringen, also bilden die Bienen eine Traube, welche den Leib der Hornisse vollständig umschließt — wie Jesus und seine Jünger brüderlich liebend Judas umschlangen — um so die Hornisse zu wärmen. Tritt der Kollaps des Lymphsystems ein, wird das tote Insekt entfernt aus dem Stock.

*

Wer, wenn nicht die Tänzerin Nemesis, gab mir dies Milchherz anstelle des hornigen. So, die Kümmernisse arhythmisch schlagender Herzen liebend, zog ich Blumenskorpion los auf die Suche nach Wirklichkeit. Wie leicht betrügt man sich selbst! Dummheit möchte ich meiden.

*

Wen ich küsse… – Hätte der Christus sich selber ausgeliefert, mehr noch, selber Hand an sich gelegt – wie abgründig wäre das Christentum geworden!

*

Laut Hesiods Theogoneia, und vielleicht auch im Bewusstsein der christlichen Gnostiker, ist das ganze Universum verschnitten. Vielleicht seit die Liebe dem Schaum seines Phallos entstieg, taumelt der Mensch in den Schatten umher. – Das Sehen der Zeit: es ging hingegen über auf die Biene, präzise und untrüglich selbst im verschatteten Raum, entstirnt und bar dem chthonischen Magnetismus. Mir aber blieb nur im Atem Nemesis, die Göttin der Ausgeburten, bestehn.

5./6. Nov.2010

χερσονήσους

2014-2018

Blattränder, Lidränder, Münder wie
Wundränder klaffen im Eis.
Rauten im Harlekindesign
huschen wie Lichter durchs Eis.
Rost sprüht von Drehorgeln,
Panzerketten Klick um Klick im Eis.
Dennoch kommt wieder
(obgleichs niemand hört im Eis)
der Festzug ins Rollen, dringt
Morgenrot wie Jod ins Eis,
klaffen Himmelsränder, Lichtschläfen
wie Hoffnungslächeln ins Eis.

Am Waldrand

Flügel aus Schatten, Schwingen aus Weh
sinken in Brunnen, treiben im See.
Vögel, verstümmelt, Flanken sind rot.
Bodennah Böen künden vom Tod,
singen von Trauer, von Mutter und Kind,
Stimmen und Schauer, die beben im Wind.
Einsamer Kuckuck, schweigst du im Wald?
Wind fegt die Äste, Regen fällt kalt.
Zerbissener Mund, warum sprichst du kein Wort?
Blutiger Tropfen, Wind blies ihn fort.
Brücken aus Asche, schneeiges Tor,
hölzerne Pflöcke und Kreuze davor.
Rispen und Blätter flüstern noch leis'.
Federn von Engeln, Schollen im Eis.
Träge, die Welle. Spiegel und Schnee,
Flügel aus Schatten, Schwingen aus Weh.

Das Inntal

Das Urlicht wirft seine Schatten voraus
auf die vereisten Augenlider.
Wir haben unsere Hände beschmutzt
und haben nur den See von Licht,
sie zu waschen. Wir reiben die Hände
an unseren Flanken, Wunde auf Wunde.
Wir lieben und hassen einander verzweifelt,
und abseits stehst du und wartest auf uns:
Eine Tür in die Weite, ein Galgen aus Licht,
im Schnee eine Staude an Gnade.

KELLER, REGENDACH UND TONNE
faulen hinter Zaun und Hag.
Sonne gischtet an um Sonne,
spült dich in den weißen Tag.

Etwas bleibt im Wasserkreisen
wurzelfest und nicht bereit,
auf der Welle weit zu reisen
in dem Strom zur Ewigkeit.

Wird dein Atem drein sich winden,
strudeln mit der Sternennacht?
Frieden kannst du doch nur finden
in des Stromes Zug und Macht.

Hat der Sturm auch abgeschoren,
was zum Bleiben war bereit –
deinen Mut hat er geboren,
Weisheit schenkt dir Tapferkeit.

ZU VIELE SONNEN SAH ICH STEIGEN,
Quitten auf den Lotosblättern,
um mich schwarzem Puls zu neigen,
mit dem Gift in goldnen Lettern.

Pfauenhähne, blaue, weiße,
tränke ich im Teich des Blutes,
wurzelnah, wo ich sie heiße
Flammenlieder meines Mutes.

Seelenrehbock, neugeboren,
schlägt die Augen auf im Licht,
findet scheinbar sich verloren,
wo die Schattenflut sich bricht.

Schwingen knospen grün den Flanken,
Blätter blauen auf der Brust.
Wo die Sonnenstauden ranken,
wird das Land sich selbst bewusst.

Dicht am Hang auf einem Hügel
fließt mein Haus aus Glas und Wind.
Schlank wie ein Libellenflügel,
in dem Bücher Lampen sind.

Dort kann ich aus Quellen trinken,
denen die Planeten blühn.
Wo Dämonenschatten sinken
und in Nacht und Samt verglühn.

Wort und Klang

Worte können uns zersetzen,
Klänge reichen uns die Hand.
Worte können Messer wetzen,
Klänge sind ein weites Land.

Worte können Waffen sein
in der Misanthropenhand,
doch libellenflügelfein,
dem, der sie im Herzen fand.

Klänge können Sinne hämmern
bis die Angst den Atem nimmt.
Angst flieht vor dem Morgendämmern,
wenn der Docht des Wortes glimmt.

Wort kann Brot sein oder Gift.
Klangwort macht die Dichtung aus.
Wo das Wort auf Rhythmus trifft,
wächst ein sonnenhelles Haus.

Klang kann leicht im Sturm zerwehen.
Klang kann überm Weizen sterben.
Wort wird wieder auferstehen
aus dem letzten Hoffnungsscherben.

Krishna sitzt im Apfelbaum

Für Patrick Rabe

Krishna sitzt im Apfelbaum,
wenn der Mittag glüht,
atmet weißen Blütenschaum,
schläft am Meereswellensaum,
wenn Merkur vorüberzieht.

Christus öffnet seinen Mund,
voll von Galaxien,
tut den Sphären Wunder kund,
färbt die Frühlingswiese bunt,
will aus Händen blühn.

Beide: Sohn und Avatar,
Bild und Klang und Traum,
des, der wird und ist und war,
einzig und Milliardenschar,
Elektron und Raum.

In uns jedem tanzt der Höchste,
tausendarmig, ungeteilt.
Der die Augen wäscht, erlöste
jeden Keim vom Tod, entblößte
sich von seiner Herrlichkeit,

naht sich jeder Kreatur,
wenn der Nebel hüllt
ihren Sinn und ihre Spur,
wirkt als Medizin und Kur,
selber glückerfüllt.

Höllenteufel gibt es nicht,
wird es niemals geben.
Zorn bleibt aus und Strafgericht.
Auf uns wartet Mittagslicht,
Glück und großes Leben.

Auf der Hallig

Jahreswechselbirnen
reifen am Orkan.
Zwischen den Gehirnen
fliegt der Auerhahn.

Deine Augenbrauen
sind wie Jenseitsbrücken,
die im Winter tauen
in den Mauerlücken.

In der Hand geborgen:
zartestes Vielleicht:
Keim von Übermorgen,
schon fast aufgeweicht.

Was in dir verschlungen:
Kiebitzflug im Ried –
unter Möwenzungen
trägts mich heim ins Lied.

Apfelgarten

Er glimmt durch Sommernächte, wie durch Schnee,
durch wildes Knospengrün.
Nichts kann sein Mondesglühn
versehren, nicht Mistral, noch Herbstesweh.

So strömt er frei und uferlos dahin,
quert golden alle Dinge
und tauscht Verlobungsringe
mit Vogelflötenspiel und Daseinssinn.

Und dunkelt es in dir, so schließ die Augen,
besuch mich an dem Ort.
In seiner Stille fort
und fort lass dich durch Universen saugen.

DIE SONNE LEIHT DEM MOND IHR LICHT,
er gibt es an die Meere weiter,
wo in Korallen es sich bricht
und oben bleibt es Wellenreiter.

In jeder Rispe rinnt als Tropfen
das Urlicht, das die Sonne nahm.
In jeder Ader hörst du klopfen,
was aus der fernen Raumzeit kam.

Gib weiter so von Hand zu Hand
das Schmerzliche und Ehrliche.
Es schimmert an dem Becherrand
das ewig Unerklärliche.

Drei Küsse

Dein erster Kuss schmeckt nach Pistazie,
und deine Schulter will an meiner blauen.
Du, ich bemerk' in deinen Augenbrauen
Eichhörnchens Wendigkeit und Grazie!

Lass ab von mir, wenn die Libellen sirrn
und Buchengitter ihre Schatten weben.
Schon will der Nachmittag den Bussard heben,
und ein Geheimnis wacht in deiner Stirn.

Du wirst so irreal in Lichtes Schräge,
dort, wo der weiße Span so bitter küsst.
Noch ist nicht Abend über deinen Wangen.

Im Wind verweht die ferne Motorsäge
den Späherblick auf seinem Holzgerüst.
Kann ich noch einen Kuss von dir empfangen?

Gibt es uns?

Gibt es uns
jenseits des Worts?

Licht lässt uns

– Brücke und Tür –
bewusstlos
aneinander zer-

fallen.

Dichträumt's
blattgrün
diesseits des Worts.

Herbstlicht

Herbst und mit ihm die Lese
unserer Adamsäpfel.
Wir ziehen die Feuerschlinge
zunehmend enger um uns.
Scheibe um Scheibe
fallen die Schatten von uns.
Weißglühender Schlaf,
wir streuen Augenlidermehl,
dich zu nähren, deine Ähren.

Tango

Zwei Schleifen, eine hell, die andre leise,
umarme ich dich leicht, nur angedeutet.
Und wenn der Takt in Silberschlüsseln läutet,
beginnt der Tanz auf immer gleiche Weise.

Dir sind vier Schimmer in dein Haar geflochten,
und mir im Innern klingt die Mandoline,
verborg'nes Fruchtfleisch einer Apfelsine.
Wir sind verschränkt im Licht von Kerzendochten.

Erst sind wir spröde in der Melodie.
Sekunden, dann beginnt sie zu mäandern,
weil eine Handvoll Blicke in uns taucht.

Wir sind Figur in einer Galerie.
Die Augen müssen wieder weiter wandern,
wenn in uns Vieren die Musik verhaucht.

Das Schweigen

Du meinst, bis an die Schultern einzudunkeln.
Wenn jede Tiefe, leicht von Storchenschwingen,
beginnt, noch träumend, vor sich hin zu singen,
versinkt dein Kinn im Halsband von Furunkeln.

Mitunter bricht das Siegel deiner Lippen
und für Sekunden rundet sich dein Mund,
dann wird des Wehes feine Farbe kund,
um gleich ins Dunkel wieder einzukippen.

Und doch ist deine Stirn ein weißer Flügel,
nein, nicht… ist eine weiche Feder nur,
ein Strich von Deckweiß, der die Schatten bindet.

Der Samt im Licht hält deinen Blick am Zügel,
und auf der Schulter hockt dir ein Lemur:
dein Bruder, der sich in dir wiederfindet.

Galerie

Herbheit der Blume, Ansatz ihres Kelches:
Vielleicht ist dies der Mund der Malerei.
Ein Lächeln gestern, heut ein stummer Schrei
und morgen ist ihr Duftgewand wohl welches?

Weil unser Auge nicht erfassen kann
das Zwitterwesen Farbe und Bedeutung
und nicht ermisst die Mutation und Häutung,
spricht die Abstraktheit unsre Seelen an.

Und durch Kandinski, Mondrian und Klee
weht jener Hauch vom Rausch der Nüchternheit,
vom reinen Dasein zwischen großen Kriegen.

Geh durch dein Künstlertum ins Morgen, geh,
du Menschheit, immer klarer in die Zeit.
Entknospe dich in immer neue Wiegen.

FEURIGE PFERDE springen aus dem Bild
der Bucht, um die sich deine Arme schlingen.
Schon spürst du ihre Aschengluten dringen,
wie den Skorpion aus einen Ritterschild.

Den Cocktailshaker (Rum, Limonen, Quitten),
in dem sie Lichter mit Gefühlen mischten,
hörst du echotisch und metallen gischten
Percussionsounds in wilden Löwenritten

von Saal zu Saal. Sie branden an die Ohren.
Und auf den tonlos grellen Monitoren
zerschlagen sie die tönernden Amphoren,

befreien Aiolos und seine Schar.
Du stehst gebrandmarkt an der weißen Bar
und willst erwachen, wünschst, es wär nicht wahr.

Aus Pommern

Aus Weizen ist der Mensch. Und seine Wangen
sind Silbenschrift, nur für den Tod zu lesen.
Und wenn wir sterben, sind wir Brot gewesen,
ist unser Duft durchs Nimmertor gegangen.

Aus Bernstein ist mein Herz, darin gefangen
stirbt einer Möglichkeit Libellenflug.
Im Traum zerschmolzen meine Eisenstangen,
Der Tag enthüllte es als Selbstbetrug.

Die Zeit – ein Wasserkreis – ist immer jetzt.
Das Schicksal schreibt Orakel auf die Haut.
Bevor wir lesen, sind sie windzerkaut,
bevor wir ahnen, sind wir todzersetzt.

Kopfunter wird ein neuer Mensch gemessen,
versinkt im Weizen, stirbt und wird vergessen.

Trost der Nacht

Du kannst nicht in den Kindern weiterleben,
denn dein Bewusstsein wiederholt sich nicht.
Die Seele kann nicht an den Wurzeln kleben,
die Zellen werden Dünger, Humus, Schicht.

Und wenn kein Jenseits ist, dann schläfst du tief,
von Angst befreit und aller wehen Trauer,
dann war er nie: des Daseins süßer Schauer,
und nie was dich in Hirn und Träume rief,

und nie die Welt, das All, die Elemente.
Steigst du aufs Rad der Reinkarnationen,
erinnerst du dich nicht ans Frühersein.

Und wölkt aus deinem Blick das Immanente,
zieht's dich ins Innerste des Lichts hinein,
dann bist du jenseits aller Illusionen.

Basislager

Wenn der Spiegel dich löchert –
wem gibst du Antwort?

Wenn dich dein Echo zerblaut –
ist`s deine Haut?

Wenn du dich hinterfragst –
wer führt dich dann hinter's Licht?

Sind deine Hände ertaubt?
Begreifst du dich selbst?

Wenn du dich querst –
wer durchkreuzte dich dann?

Wenn du erblindest –
wem leuchtest du dann auf dem Weg?

Bericht aus Frankistan

Die Zeit spazierte in den Uhrenladen
im tiefen Winter, nachmittags um drei.
Sie dachte an den Prinzenspross von Baden
und legte flugs ein Nürnberger Ei.

Am Unschlittplatz, der arme Kaspar Hauser
dreht sich ein Zifferblatt, um es zu kiffen.
Er zittert stark, als wär er in der Mauser,
oder auch kurz davor, sich einzuschiffen.

Doch ist in Nürnberg kein Hochseehafen,
auch keine Reeperbahn mit Hanf und Huren
und auch kein Messer, um in See zu stechen.

Nur Peter Henlein dreht noch an den Uhren.
Hans Sachs, der Meister, ist schon eingeschlafen.
Sein Knie ist taub vom Verse drüberbrechen.

Iberisches

In den Achtzigern war es: Wir kamen aus Norden,
wie früher schon Rolands verwegene Franken,
um Spaniens schneeweiße Tauben zu morden.
Uns rannen Gebirgszüge über die Flanken.

Vergitterte Erker verströmten die Lüfte,
damit man Albertis und Lorcas gedenkt.
Wir strichen dem Mittelmeer über die Hüfte
und wurden mit Bougainvillea beschenkt.

Dann weißer und weißer wurden die Städte:
Papageien, Klavier in geschlossenen Läden.
Geheim war die Zeit mit den Wassern der Lethe:
Verlassen spann Cordoba Spinnenfäden.

Momentanes natürlich, denn wir waren Touristen,
die Corrida hatte uns traurig erregt,
Maurische Scherben und Spiegel der Christen,
im Guadalquivir schweigend und sachte bewegt.

Am Vogelsee

Die Kielspur, die das Entenpärchen zieht
ins grünumwimperte, geheime Wort –
die Wasserhand verknüpft die Zeit dem Ort,
den nur das Herz in seiner Tiefe sieht –

das ist die Schrift, die eine Schönheit bindet
an eine Wirklichkeit, die immer nüchtern
und liebevoll verharrt. Nahe dich schüchtern,
damit man nichts mehr Rohes an dir findet.

Der Reiher schweigt, der Ganter schnattert laut
und deine Seele mündet in sie beide
im Einklang, der auf klares Wasser trifft.

Dein Blick, der ins Vielleicht des Menschen schaut,
und deine Stirn, umhüllt von Regenseide:
das ist Orakel, Sein und grüne Schrift.

Für Fats Domino

Mach's gut, Antoine! Ich liebte dein Klavier
und dein gemächlich sattes Flügelschwingen.
Was kann ein Mensch von heute noch vollbringen,
als liebenswert zu bleiben? Sanfter Stier,

kein Heiliger und kein Musikrebell
war Antoine, er ging nicht über Leichen.
Was kann ein Mensch von heute noch erreichen,
der andren macht die Wanderwege hell!

Er lächelt noch, es tönt der Pausengong,
doch Zeit ist nicht für ihn, um auszuruhen:
Antoine, mit einem Koffer, zwei Paar Schuhen,
geht in das ewig neue Orleon.

Prophet

Zu sehen, steht mir oft der Blick im Weg,
begreifen hindern mich die andren Sinne.
Wenn ich mein Fieber auf die Dinge leg,
zerfließt die Zeit in einer Regenrinne.

Versuche ich, Momente festzuhalten,
als wäre mein Gesicht Person für immer,
dann ist's wie Hände auseinanderfalten,
um einzufangen Schaum und Abendschimmer.

Wenn ich mitunter hinter mir verschwinde,
als schlösse ich mich selber vor mir zu,
dann schein ich nicht wahrhaftig zu uns beiden,

doch wenn ich mich dann tastend wiederfinde,
glüht mir Begreifen: in mir glänzt nur du,
um mich wohin du willst umherzutreiben.

Albumblatt

2017

EIN OZEAN IST JEDES WESENS SEELE,
ein Kolibri im Terracottakrug,
halbschattennah, Opal und Strahlenflug,
und flutet weit in einer Vogelkehle.

Wir Menschen tragen sie und selbst Zikaden.
Sie brandet ewig an den Strand Pangäa
und sirrt im Blattwerk der Bougainvillea.
Die Zeit verfliegt wie Dunst an den Gestaden.

Die Jenseitsbrücke blüht im Schierlingstrank.
Sie liegt im Tiefschlaf in uns, unbewusst,
und schwingt sich zart in den Glasbläsereien.

Die Seele beugt sich uns in Liebeslust,
liegt ungeboren in den Notenreihen
und trägt doch schon den Übermorgenklang.

Inhalt

Am Gewittersaum (1998)
Die dunklen und die weißen Rosen / Grüner Engel / Stillleben mit vergifteten Blumen / In den Dünen / Landschaft im Herbst / August / Durchs Fensterkreuz / Sonnensichel / Zisterne / Treibende Tage / Eisenkraut / Am Gewittersaum

Steinbock aus Wasser (2004-2010)
Steinbock aus Wasser / Anemonenjäger

Chersonísous (2014-2018)
Blattränder, Lidränder / Am Waldrand / Das Inntal / Keller, Regendach und Tonne /Zu viele Sonnen sah ich steigen / Wort und Klang / Krishna sitzt im Apfelbaum / Auf der Hallig / Apfelgarten / Die Sonne leiht dem Mond ihr Licht / Drei Küsse / Gibt es uns? / Herbstlicht / Tango / Das Schweigen / Galerie / Feurige Pferde / Aus Pommern / Trost der Nacht / Basislager / Bericht aus Frankistan / Iberisches / Am Vogelsee / Für Fats Domino / Prophet

Albumblatt (2017)
Ein Ozean ist jedes Wesens Seele